um título da série
POCKET MENTOR

COMO GERENCIAR RELAÇÕES DIFÍCEIS

Managing Difficult Interactions

um título da série
POCKET MENTOR

BARRY ROSEN

COMO GERENCIAR RELAÇÕES DIFÍCEIS

Managing Difficult Interactions

FATOS . EMOÇÕES . DIFERENÇAS . SOLUÇÕES

Tradução
Marcia Nascentes

SOLUÇÕES PRÁTICAS PARA OS DESAFIOS DO TRABALHO

ELSEVIER

CAMPUS

Do original: *Managing Difficult Interactions*
Tradução autorizada do idioma inglês da edição publicada por Harvard Business School Press
Publicado por acordo com Harvard Business School Press

Copidesque: Cláudia Amorim
Editoração Eletrônica: Estúdio Castellani
Revisão Gráfica: Edna Cavalcanti e Roberta Borges

Elsevier Editora Ltda.
A Qualidade da Informação.
Rua Sete de Setembro, 111 – 16º andar
20050-006 Rio de Janeiro RJ Brasil
Telefone: (21) 3970-9300 FAX: (21) 2507-1991
E-mail: *info@elsevier.com.br*
Escritório São Paulo:
Rua Quintana, 753/8º andar
04569-011 Brooklin São Paulo SP
Tel.: (11) 5105-8555

ISBN 978-85-352-3369-8
Edição original: ISBN 1-4221-2508-3

Central de Relacionamento
Tel: 0800-0265340
Rua Sete de Setembro, 111, 16º andar – Centro – Rio de Janeiro – CEP.: 20050-006
e-mail: *info@elsevier.com.br*
site: *www.elsevier.com.br*

CIP-Brasil. Catalogação-na-fonte.
Sindicato Nacional dos Editores de Livros, RJ

C728 Como gerenciar relações difíceis : fatos, emoções, diferenças e soluções / Harvard Business Press ; tradução de Marcia de Andrade Nascentes. – Rio de Janeiro : Elsevier, 2009.
(Pocket Mentor Series)

Tradução de: Managing difficult interactions
Inclui bibliografia
ISBN 978-85-352-3369-8

1. Conflito – Administração. 2. Confronto interpessoal. 3. Comunicação interpessoal. 4. Relações humanas. I. Harvard Business School Press. II. Série.

09-1095. CDD: 658.4053
CDU: 005.574

Sumário

Mensagem

Deparar-se com conversas ou diálogos difíceis e irritantes é uma das *surpresas desagradáveis* do cotidiano em qualquer ambiente de trabalho, seja essa conversa com o chefe, com um colega, com um funcionário ou mesmo com um cliente ou fornecedor. Nossa tendência é evitar esse tipo de relação difícil, assim como evitar outras situações incômodas. Mas por que fazemos isso? As relações difíceis catalisam sentimentos negativos como frustração, chateação e raiva. Em tais momentos, não conseguimos satisfazer nossas necessidades de segurança, compreensão e eficácia, dentre outras. Mas quando ignoramos completamente o diálogo, em geral isso só piora as coisas. Evitar a hostilidade e as feridas, peças-chave de um confronto, pode minar nossa energia, reduzir a produtividade da equipe e arruinar um relacionamento no ambiente de trabalho.

Mal-entendidos e conflitos fazem parte das interações humanas. Situações em que estes estejam presentes são oportunidades para os indivíduos em jogo aprenderem mais sobre si próprios, sobre os outros e sobre o que é necessário para fazer o trabalho dar certo quando o esforço é conjunto.

Quase sempre é possível contornar um diálogo interpessoal difícil e até mesmo fortalecer um relacionamento nesse processo. Talvez isso pareça um sonho distante, mas, afinal, somos seres sociais. Queremos conviver, viver e deixar viver. Quando estamos em contato com nossas mais nobres aspirações, sentimos até vontade de ajudar os outros. Sim, é verdade!

Aprender a navegar no mar de relações difíceis exige autoconsciência e habilidade, e também requer coragem. Somente a prática pode nos levar ao domínio da capacidade de facilitar a conversa, passando do conflito à conexão. Este livro mostra como fazer isso.

Nas páginas a seguir, você descobrirá a causa de relações difíceis e como enfrentar os obstáculos que impedem que muitos gerentes consigam lidar com elas. Você também aprenderá técnicas práticas para determinar quais conflitos merecem sua atenção, para avaliar o que *realmente* está acontecendo em uma relação difícil e para gerenciar as emoções que costumam ser deflagradas nessas situações. Há seções adicionais que apresentam estratégias para resolver o problema subjacente a um conflito e sanar divergências entre os funcionários.

Espero que este livro seja útil para você. Boa sorte em sua expedição.

Barry Rosen

Barry Rosen é membro do Conselho de Administração e ex-presidente da Interaction Associates (IA). Responsável pelo desenvolvimento de diversos programas de aprendizagem da Interaction Associates, incluindo Facilitative Leadership e Essential Facilitation, Barry Rosen atua como coach de líderes e treina consultores no desenvolvimento de habilidades de trabalho em equipe e colaboração desde 1980. A Interaction Associates, Inc. é uma empresa de aperfeiçoamento de desempenho que oferece aos clientes estratégias colaborativas para resolver problemas e perceber oportunidades. Desde 1969, a Interaction Associates tem ajudado líderes do mundo inteiro, empresas da *Fortune* 100 e instituições governamentais a superarem seus desafios colaborativos mais difíceis.

Como gerenciar relações difíceis: Fundamentos

O que são relações difíceis?

AS RELAÇÕES no ambiente de trabalho nem sempre são fáceis. Todos sabem disso. Na verdade, a maior parte das interações humanas, apesar de transacional e rotineira, inclui certa dose de incerteza e questionamento. Isso ocorre porque nós, seres humanos, fazemos as coisas não apenas por instinto, mas também por opção. Diante de escolhas, levamos em conta, apesar da maneira rápida e subconsciente, diversas variáveis. O que desejo? Existe uma ameaça? Confio na pessoa com a qual estou interagindo? Qual é a forma mais rápida de obter o que desejo? E assim por diante.

Relações difíceis são os diálogos com outros seres humanos em que não há respostas rápidas às perguntas que fazemos a nós mesmos. Experimentamos a incerteza, e nossa incerteza leva a um sentimento de medo. Nossa intuição diz que talvez não seja possível atender a uma necessidade. Assim, penetramos em um terreno chamado ameaça. Essa é a zona da ameaça.

Lidar de maneira eficaz com nosso senso de ameaça e com a relação difícil que ocorre entre nós e os outros é uma "tarefa interna" e uma "tarefa externa".

A tarefa interna diz respeito à nossa capacidade de observar e gerenciar nossos pensamentos e sentimentos automáticos. Significa que é preciso diminuir o ritmo e lembrar que merecemos ver nossas necessidades atendidas. Nossa tarefa externa é tratar as demais pessoas com respeito e cortesia, e aplicar algumas técnicas práticas para resolver o problema (ou simplesmente concluir uma transação) em conjunto.

Exemplos de relações difíceis

Agora iremos aprofundar nossa compreensão sobre relações difíceis e como aproveitar ao máximo uma situação desafiante, fazendo e respondendo três perguntas:

- O que caracteriza uma relação difícil?
- Por que gerentes tendem a evitar lidar diretamente com relações difíceis?
- Como podemos eliminar as barreiras, internas e externas, que impedem as pessoas de encarar relações difíceis?

Você discute com um colega porque acha que ele está sempre rejeitando suas ideias. Dois de seus funcionários costumam se atacar verbalmente durante as reuniões. Seu chefe faz comentários sarcásticos dirigidos a você e a outros gerentes. Um cliente costuma fazer exigências não razoáveis à sua equipe.

Todas essas interações são difíceis. Elas têm alguns pontos em comum: as pessoas estão discordando, de forma direta ou implícita, por meio de suas ações. No momento, pode parecer impossível resolver o conflito resultante. Você, como observador ou participante, fica indeciso diante de duas alternativas igualmente ruins.

Se você não lidar com a situação, talvez ela fique incontrolável e gere resultados indesejáveis, levando, inclusive, a relacionamentos tensos, desperdício de tempo e baixo desempenho. Se você lidar com isso, a situação poderá gerar ainda mais conflitos, posições enraizadas e desviar muito sua atenção.

Como se pode notar nos exemplos anteriores, relações difíceis podem surgir entre dois indivíduos quaisquer: supervisor e subordinado, dois colegas ou diversos membros de um departamento ou equipe. Quando essas situações surgem inesperadamente entre dois de seus subordinados diretos (por exemplo, vários membros da equipe costumam discutir sobre as tarefas pelas quais cada um é responsável ou um funcionário acusa outro de não estar comprometido com um projeto), você precisa agir logo, caso contrário isso pode prejudicar a produtividade da equipe.

Eliminando as barreiras que nos impedem de encarar um conflito

O quadro "Barreiras típicas que nos impedem de encarar relações difíceis" lista várias barreiras em potencial e sugere uma abordagem proativa para remover cada tipo de barreira.

O preço da aceitação do gerenciamento eficaz é sua disposição para lidar de cara com os confrontos. Apesar do desafio, é parte de seu trabalho reconhecer situações em que as necessidades das pessoas não estão sendo atendidas e, portanto, os resultados são o conflito e a alienação. Se você não fizer isso, quem o fará por você? Um padrão de divergências debilitará os relacionamentos no ambiente de trabalho, acabará com a motivação e arruinará o desempenho de sua equipe ou grupo de trabalho.

Sempre prefiro acreditar no lado bom das pessoas. Isso faz com que economize muito tempo.

Rudyard Kipling

Barreiras típicas que nos impedem de encarar relações difíceis

Barreira	Abordagem proativa
Medo do conflito interpessoal	Reconheça que, apesar de o conflito poder ser desconfortável, ele é um fato da vida. Concentre-se nos resultados positivos de lidar com o conflito.
Incapacidade de reconhecer que você tem um problema com outra pessoa no ambiente de trabalho	Observe a qualidade de seus relacionamentos de trabalho. Pergunte a si mesmo quais são os relacionamentos que parecem tensos, frustrantes ou improdutivos. Pense na possibilidade de reconhecer que esses relacionamentos são prejudicados pelas relações difíceis.
A crença de que são os outros os culpados por uma relação difícil	Reconheça seu papel em meio à dificuldade. Identifique o que você pode fazer para melhorar a situação.
A convicção de que outras pessoas não mudarão, mesmo que você tente melhorar a situação	Lembre-se de que você não está tentando modificar a outra pessoa. O que você deseja é mudar a maneira como interagem. Você pode fazer isso mudando seu próprio comportamento.
O desejo de aceitar o *status quo*, pois você não está preparado para gerenciar o resultado da situação	Analise se vale a pena tentar melhorar a situação para diminuir os riscos de uma relação difícil. Se valer a pena, idealize um plano e coloque-o em prática.
A crença de que o problema será resolvido por si só	Lembre-se de que a maioria dos problemas não se resolve por si só.

Compreenda que é possível melhorar

Embora seja um desafio gerenciar conflitos, as recompensas valem o esforço.

- Torna-se mais fácil lidar com relações difíceis.
- Você impede que essas situações se agravem e acabem gerando crises.
- Você se envolve em interações mais produtivas.
- Você se sente mais à vontade para tomar providências em situações difíceis, e mais senso de autorrespeito.
- Você fortalece os relacionamentos no ambiente de trabalho.

O gerenciamento de relações difíceis exige intenção e atenção. Mas você é *capaz* de dominar essa responsabilidade gerencial importante. Alguns pontos a serem observados:

- Que relações difíceis exigem prevenção ou intervenção? Quais delas posso ignorar ou adiar?
- Quais são os fatos da situação?

- O que são os sentimentos expressados pelas pessoas? Que necessidades das pessoas não estão sendo atendidas?
- Como as pessoas estão ajudando outras, por meio de palavras e ações, a atenderem algumas necessidades?
- Quais são as alternativas para resolver o problema de forma que as necessidades de todos sejam atendidas de maneira relevante?

O que leva a relações difíceis?

RELAÇÕES DIFÍCEIS tendem a resultar de diferenças entre as pessoas. Essas diferenças são expressas em seus posicionamentos e interesses, em suas percepções, motivações e estilos e em suas experiências de vida e formação cultural. Ao compreender a função desses tipos de diferenças em conflitos interpessoais no ambiente de trabalho, você se posiciona para começar a lidar com isso de maneira produtiva.

Diferenças em posicionamentos e interesses

Em geral, os conflitos surgem quando duas pessoas têm *posicionamentos* (posturas) e *interesses* (desejos) distintos em relação a determinada *questão*.

Considere o exemplo a seguir, em que a questão discutida envolve o período de férias.

Você supervisiona várias equipes, cada uma com um líder. Randall, um líder de equipe relativamente novo na empresa, procura você para reclamar que suas férias foram menores do que a dos demais líderes de equipe. Em relação ao período de férias, você e Randall têm opiniões divergentes, conforme mostrado no quadro "Diferentes posicionamentos e interesses".

Quando duas pessoas entram em atrito devido a diferentes posicionamentos e interesses, a tensão e o conflito podem se intensificar. Quanto mais você conseguir concentrar uma relação difícil em interesses, maior será a probabilidade de encontrar uma solução criativa que atenda, pelo menos parcialmente, aos interesses das duas pessoas. No exemplo anterior, você poderia propor a Randall que ele tirasse mais uma semana de férias, mas que usasse o tempo como uma série de fins de se-

Diferentes posicionamentos e interesses

	de Randall	**Seu**
Posicionamento (postura)	"Devo ter a mesma quantidade de férias que os outros líderes de equipes."	"Você poderá ter a mesma quantidade de férias se estiver aqui por mais tempo."
Interesse (desejo)	"Quero ser tratado de forma justa."	"Preciso de você aqui para gerenciar esta grande implementação de software."

mana prolongados, e não como cinco dias consecutivos. Dessa forma, ele sabe que está sendo tratado de maneira justa e você garante que ele não ficará longe do projeto por muito tempo.

Diferenças em percepções, motivações e estilos

Além das diferenças em posicionamentos e interesses sobre determinada questão, outros tipos podem gerar relações difíceis. O quadro da página 19, "Diferentes percepções, motivações e estilos", apresenta exemplos.

Diferenças em experiências de vida e formação cultural

Diferenças na formação cultural, nas experiências educacionais e profissionais, de gênero, idade e raça, entre duas pessoas, também podem gerar mal-entendidos e tensões no ambiente de trabalho. O total de experiências de vida de cada pessoa influencia suas pressuposições sobre como o mundo deve funcionar e sobre o que esperar, em termos razoáveis, dos outros.

> *Muitas pessoas acreditam estar refletindo, quando, na verdade, estão apenas reorganizando seus preconceitos.*
>
> **William James**

O que VOCÊ faria?

O problema de Terry

BRAD NÃO SABE exatamente quando isso ocorrerá, mas um dia Terry o tirará do sério. Ela passa horas refazendo o trabalho, até mesmo nas tarefas mais rotineiras. Às vezes, ela descumpre os prazos e isso afeta a programação de Brad. Ela também tende a fazer críticas a decisões do grupo e, por vezes, isso leva o grupo a reavaliar decisões já tomadas. Mas Brad sabe que, quando Terry assume um projeto complexo ou difícil, ela é sempre cuidadosa, inteligente e persistente. Brad percebe que o empenho de Terry e sua atenção a detalhes tem sido de grande valia para o grupo. Porém, é evidente que a abordagem detalhista de Terry tem efeito negativo sobre ele. Ele está começando a evitá-la e sente que ela pode estar evitando-o. Como abordar Terry? Será que ele deve mesmo abordá-la? De qualquer forma, ele não conseguiria mudá-la...

O que VOCÊ faria? Os mentores sugerem uma solução em *O que você PODERIA fazer.*

Diferentes percepções, motivações e estilos

Diferença	Exemplo
Percepções sobre o que é essencial	Diferente dos membros da equipe, você dá mais importância às diretrizes de gerenciamento.
Motivações e intenções	Você é motivado pela qualidade, enquanto um colega é motivado pelas conquistas pessoais.
Estilo de trabalho	Você gosta de lidar com todas as questões ao mesmo tempo, mas seu supervisor prefere analisar um problema de cada vez.
Estilo de comunicação	Você prefere estar atualizado sobre os problemas por meio da comunicação escrita, enquanto um funcionário acha mais fácil colocá-lo a par dos acontecimentos por meio de conversas informais.

Quando dois indivíduos possuem formação e experiências totalmente distintas, qualquer situação no ambiente de trabalho pode gerar relações difíceis. Vejamos o seguinte exemplo:

Stella é uma gerente de 61 anos, responsável pelo projeto de desenvolvimento de um site. À medida que o projeto se desenrola, ela começa a ter a vaga impressão de que alguns dos membros da equipe não dão atenção suficiente às suas sugestões de gerenciamento do projeto. Certo dia, ela escuta por acaso um dos membros mais jovens da equipe dizer ao colega: "Não dá para esperar que alguém prestes a se aposentar conheça bem a Web." No caso, as diferenças de idade podem ter levado os membros mais jovens da equipe a pressuporem que, em virtude da idade, Stella mostra-se incapaz de gerenciar um projeto da Web com eficácia. Portanto, os membros da equipe não aceitam plenamente sua liderança nem valorizam o conhecimento que ela traz para o projeto.

A menos que fale sobre essa situação difícil, Stella provavelmente enfrentará problemas para liderar o projeto em equipe de maneira eficaz.

Dica: Para aliviar a tensão que pode surgir durante relações difíceis, procure descobrir semelhanças (de interesses, formação e assim por diante) e ajuste-se aos gestos, postura corporal e estilo de discurso da outra pessoa. As sensações de empatia e conexão propiciam um maior nível de bem-estar e afinidade.

O que você PODERIA fazer

Lembra-se do problema de Brad com Terry e de sua incerteza sobre como lidar com isso?

Veja a sugestão do mentor:

Se Brad está começando a evitar Terry, é chegado o momento de conversar com ela. Apesar de Brad ter uma visão clara do que acredita ser a causa dos problemas, ele deve tentar descobrir a opinião de Terry sobre a situação. É possível que ela encare tudo de uma forma bem diferente.

Por exemplo, ao refazer o trabalho, talvez ela acabe economizando tempo, ou talvez ela reavalie decisões do grupo, pois acredita que elas foram tomadas de forma precipitada, sem uma análise cuidadosa. Quando Brad conseguir compreender o ponto de vista de Terry e desvendar a causa da situação, ele poderá resolver as diferenças entre eles e melhorar suas interações. A meta de Brad não deve ser mudar Terry, mas, sim, modificar a forma de interação deles. Assim, quem sabe ele poderá mudar seu próprio comportamento.

Escolha das relações difíceis a serem abordadas

O GERENCIAMENTO DE RELAÇÕES DIFÍCEIS exige tempo, paciência e energia. Assim, antes de tentar resolver uma situação difícil com alguém, pense com cuidado em diversos fatores. Seu principal objetivo é investir tempo e energia com sabedoria, ou seja, em situações com a melhor chance de melhoria.

Quando achar que vale a pena tentar resolver um conflito, procure aplicar técnicas para (1) chegar aos fatos subjacentes à situação, (2) compreender as emoções envolvidas, (3) lidar com preocupações sobre a autoimagem que costumam acompanhar tais situações e (4) apresentar soluções para o problema. Todas essas etapas serão discutidas em detalhes em seções posteriores deste livro.

Mas, primeiro, vamos falar sobre como determinar as situações difíceis com as quais você deve lidar e quais delas você deve deixar de lado.

Observe se você faz parte do problema

Às vezes, conflitos com outra pessoa estão mais relacionados ao que se passa dentro de você do que ao que acontece entre você e a outra pessoa. Nesses casos, uma discussão sobre a interação pode não trazer nenhum tipo de benefício.

Por exemplo, digamos que você assuma muitos dos problemas de seus subordinados diretos, em vez de ajudá-los a aprender como resolver isso sozinhos. Você faz cada vez mais horas extras e sua real função gerencial não alavanca. Você começa a ter problemas relacionados ao estresse e se sente indignado em relação a esses funcionários.

Será que uma conversa franca ajudaria de alguma forma essas relações difíceis? Talvez esse não seja o caso se você estiver assumindo os problemas dos subordinados diretos por medo de ser visto como incompetente ou insensível, como alguém que simplesmente entrega os problemas nas mãos dos subordinados para que eles resolvam tudo sozinhos.

Em vez de iniciar uma discussão demorada e tensa com os funcionários, você deve procurar, com sinceridade, os motivos que o levaram a insistir em resolver os problemas dos funcionários, e pode lembrar a si mesmo a importância de delegar tarefas, pois isso faz parte da habilidade gerencial. Nesse caso, mudar suas próprias atitudes e comportamentos em relação à delegação de tarefas provavelmente será bem mais proveitoso para seus relacionamentos com os funcionários do que uma conversa sobre a situação, e isso exige menos tempo e energia.

Examine seus motivos

Diante de algumas divergências, você pode se sentir tentado a simplesmente deixar-se levar pelas emoções. Você pode pensar: "Pelo menos estou fazendo *alguma coisa* para lidar com a situação." Mas antes disso, você se pergunta se realmente está buscando apenas alívio emocional de curto prazo em vez de fazer algo pensando nos benefícios de longo prazo.

Talvez você se sinta temporariamente aliviado quando despeja seus sentimentos negativos sobre alguém que o irrite. Talvez isso até leve a pessoa a mudar de alguma forma... por algum tempo. Mas ao exprimir livremente seus sentimentos, você também causa danos irreversíveis ao relacionamento, abalando-o profundamente.

Identifique relacionamentos importantes

É de bom tom almejar relacionamentos positivos com todas as pessoas com quem você convive no trabalho. Mas, ouso dizer que alguns relacionamentos no ambiente de trabalho são mais importantes do que outros. Quando precisar decidir se deve ou não lidar com uma relação difícil, pense no *grau* de importância de seu relacionamento com a pessoa em questão. Considere também *se o relacionamento é de longo prazo ou de curto prazo* e *o grau de risco envolvido*. Por exemplo:

- **Um relacionamento importante**. Está sendo difícil trabalhar com Carl, o assistente do supervisor, pois vocês têm estilos de trabalho diferentes. Você interage com ele diariamente sobre assuntos importantes. Esse relacionamento tem alta prioridade. Você deseja encontrar maneiras de lidar com os conflitos que surgem entre Carl e você.
- **Um relacionamento menos importante**. Parece que você não conseguiu construir uma compreensão compartilhada com Toni, outro membro de um projeto de curto prazo do qual você participa. Talvez você prefira não investir o tempo e a energia necessários para melhorar o relacionamento, afinal, quando o projeto terminar, provavelmente você não estará tão ligado a Toni em outros trabalhos que envolvam um esforço de tamanho risco.

Avalie as chances de aperfeiçoamento

Digamos que você tenha relações difíceis com alguém que parece estar passando por problemas emocionais ou que tenha um histórico de relacionamentos marcados por conflitos com pessoas nas mais diversas situações. Por exemplo:

- Seu novo supervisor tem temperamento forte e você ficou sabendo que todos os seus antecessores deixaram a empresa com apenas três meses na função.
- Uma funcionária tem um senso de humor sarcástico e está sempre ridicularizando os outros, apesar de suas inúmeras tentativas de transferi-la para equipes diferentes.
- Um colega permitiu que problemas pessoais antigos prejudicassem seu desempenho no trabalho (incluindo a colaboração com colegas em projetos interfuncionais) e não se mostrou disposto a buscar ajuda.

Nesses casos, é pouco provável que sua intervenção contribua para reverter a situação de forma sustentável. Em vez disso, talvez você opte por encontrar outra forma de ação. Por exemplo, para atenuar o conflito com um novo chefe com temperamento difícil, você pode tentar conseguir se reportar a outra pessoa na empresa. Se isso não for possível, pense na possibilidade de deixar a empresa e encontrar uma situação de trabalho em que o chefe esteja realmente comprometido com seu sucesso. Se não quiser deixar o emprego, reconheça que a situação pode estar além de sua capacidade ou responsabilidade de lidar com isso sozinho. Procure obter ajuda dos recursos humanos ou de outros profissionais da empresa responsáveis pela apresentação de soluções nesse tipo de situação.

Quando o feedback não muda o comportamento de um funcionário que insiste em fazer uso de um tipo de humor nocivo, a primeira providência é uma repreensão formal seguida de uma medida disciplinar e, finalmente, da demissão. Se você optar por uma medida disciplinar formal, certifique-se de que as políticas de pessoal da empresa sejam respeitadas.

Com o colega que não está se dedicando a um projeto em função de problemas pessoais, talvez você prefira encontrar maneiras de evitar trabalhar em projetos com ele. Outra abordagem é solicitar que o líder ou patrocinador da equipe analise habilidades complementares e desafios em potencial de membros da equipe, a fim de deflagrar possíveis conflitos antes de o projeto começar. Finalmente, peça a seu próprio supervisor para ajudá-lo a manter-se fora dessa equipe.

Uma versão da oração da serenidade é um bom lembrete nesses casos: Senhor, concedei-me a Serenidade necessária para aceitar as coisas que não posso modificar, coragem para modificar as coisas que posso e sabedoria para perceber a diferença.

Dica: Se você acha melhor não resolver um conflito com determinada pessoa, lembre-se de que aceitar uma situação difícil não significa que você é uma pessoa insensível.

Sejam quais forem os critérios utilizados por você para decidir se deve ou não confrontar uma pessoa em relação a uma divergência entre vocês dois, lembre-se de que você não pode forçar alguém a mudar suas atitudes ou comportamentos. O que você pode fazer é tentar melhorar o relacionamento ao mudar o *próprio* comportamento e a forma como você e a outra pessoa interagem.

Etapa 1:
Como avaliar os fatos

VOCÊ IDENTIFICOU uma situação de conflito em que acredita que vale a pena intervir. O primeiro passo é avaliar os fatos. Em qualquer relação difícil, as duas pessoas envolvidas enxergam os *fatos* da situação sob óticas diferentes. Para começar a resolver determinado conflito, você precisa explorar esses fatos por meio de uma discussão franca.

Provavelmente você conhece a máxima que diz que há sempre dois lados de uma mesma história. O mesmo vale para divergências no ambiente de trabalho: cada pessoa envolvida enxerga a situação de acordo com um grupo específico de fatos que são importantes para ela.

Para estabelecer a base para resolver um problema, cada pessoa deve conhecer os fatos, e ter a percepção destes, que estão influenciando a visão da outra pessoa. Isso exige comunicação. As diretrizes apresentadas nesta seção podem ser úteis.

Compartilhe percepções sobre o que está acontecendo

Terry se reporta a Brad. Digamos que ela continue submetendo relatórios de projetos com atraso, apesar das constantes reclamações de Brad e de sua insistência para que ela conclua os relatórios no prazo certo, porém, quanto mais Brad reclama e insiste, mais isso perturba Terry.

Para descobrir a verdade dos fatos, Brad e Terry devem tentar explicar o lado de cada um nesta história. Isso inclui o impacto da situação sobre eles. Por exemplo, Brad pode dizer: "Quando você entrega os relatórios com atraso, eu acabo fazendo trabalho extra para compensar. Passo duas horas preenchendo toda a papelada. Também preciso explicar aos outros membros da equipe que as informações necessárias chegarão posteriormente. Isso acaba atrasando o projeto inteiro."

Terry provavelmente responderia: "Ando muito estressada ultimamente, pois preciso avaliar uma série de protótipos novos e todos eles apresentaram problemas. Não tive tempo para me dedicar aos relatórios dos projetos. Quando você reclama continuamente do atraso nos relatórios, tenho a impressão de que não se importa tanto com o andamento dos protótipos."

Agora cabe a Brad refletir sobre o que pode tê-lo levado a enxergar a situação dessa forma. Ele pode analisar as informações coletadas no passado, experiências anteriores e pressuposições sobre o que é importante. Depois, ele pode compartilhar essas informações com Terry e pedir que ela faça o mesmo. Brad pode compartilhar suas experiências anteriores.

Por exemplo, ele pode dizer: "Da última vez que conduzi um projeto com tamanha complexidade, enfrentamos problemas reais durante a implementação, quando paramos de circular atualizações semanais para todos." Em seguida, ele pode compartilhar informações com Terry, acrescentando: "Isso me preocupa, pois recentemente li um artigo onde apontavam os problemas de comunicação das equipes como a causa subjacente à falha nos projetos." Finalmente, Brad deve compartilhar suas suposições sobre o que é importante: "A meu ver, só teremos a chance de entrar no novo mercado que identificamos se conseguirmos concluir com êxito nossos projetos."

A recíproca é verdadeira para Terry, que também pode compartilhar informações, experiências anteriores e suas pressuposições em relação ao que é importante. Por exemplo, ela pode dizer: "Na última palestra de nosso CEO, me dei conta de que precisamos acelerar o processo de criação de protótipos de produtos. Os projetos do ano passado me ensinaram que, quando você precisa optar entre a burocracia e o trabalho real a ser desempenhado, é melhor se concentrar no trabalho. A papelada sempre pode ficar para depois."

Ao compartilharem as informações, experiências e pressuposições subjacentes às suas visões da situação difícil, você e a outra pessoa começam a compreender um ao outro – uma decisão essencial para poder solucionar problemas.

Descubra intenções

Se você perceber que uma ameaça ou um conflito se aproxima, respire fundo e procure se recompor. Depois, esclareça com a outra pessoa quais foram suas intenções durante as trocas difíceis entre vocês. Pense nesta, entre Brad e Terry:

> **Brad**: Tenho procurado me certificar de que todos os envolvidos na equipe do projeto obtenham as informações necessárias para lidar com as tarefas de sua responsabilidade, no prazo certo. Só assim conseguiremos cumprir os prazos do projeto como um todo.
>
> **Terry**: Pensei que, ao nos concentrarmos na aceleração do processo de criação de protótipos, poderíamos impedir o gargalo nos primeiros estágios do ciclo de desenvolvimento do produto. Se o processo empaca no início do ciclo, o resto do ciclo também é afetado – e isso leva a um atraso no projeto inteiro.

Ao comparar intenções, vocês podem (como neste caso entre Brad e Terry) descobrir que ambos têm objetivos e prioridades semelhantes. No mínimo, vocês podem perceber que as intenções de cada um são perfeitamente admiráveis, mesmo que diferentes. Seja como for, vocês provavelmente concluirão que o outro não está propositalmente tentando dificultar a vida!

Reconheça contribuições para o problema

A maioria dos conflitos não é provocada apenas por uma pessoa. Os dois lados contribuíram para instaurar a situação. Para criar um senso de propriedade, a fim de solucionar o problema, seja sincero e reconheça de que forma você contribuiu para chegar ao problema. Peça à outra pessoa para fazer o mesmo. Vamos ver como Brad e Terry fizeram isso:

Brad: Por causa de minhas constantes reclamações sobre relatórios atrasados, você ficou com a impressão de que eu não me importava com o processo de criação de protótipos.

Terry: Percebo que, ao negligenciar as atualizações do projeto, levei-o a questionar se o projeto como um todo seria concluído dentro da programação original.

Etapa 2: Como aprender a lidar com as emoções

No PROCESSO de descobrir a verdade dos fatos, você também desejará prestar atenção nos sentimentos ocultos na situação difícil. Como já deve ter notado, relações difíceis desencadeiam fortes emoções nas pessoas envolvidas. Esses sentimentos podem variar de uma pessoa para a outra, mesmo em uma mesma situação.

Os sentimentos básicos são tristeza, alegria, raiva, medo, bem como suas variações. Em geral, os sentimentos positivos significam que as necessidades estão sendo atendidas. Por exemplo, ficamos contentes quando conseguimos concluir uma tarefa difícil com êxito. Nossos sentimentos ficam confusos quando não conseguimos satisfazer nossas necessidades. Por exemplo, podemos ficar indignados quando um colega não conclui uma tarefa apesar de termos passado metade da noite trabalhando.

Em uma situação difícil, vale a pena identificar e nomear os sentimentos vivenciados. Se esses sentimentos forem ignorados ou suprimidos durante uma relação difícil, eles poderão encontrar outros caminhos de expressão, como, por exemplo, na linguagem corporal, nas expressões faciais e em longas pausas. Eles também podem levar a uma dificuldade de os participantes escutarem uns aos outros. Se essas emoções se tornarem excessivamente intensas, as pessoas envolvidas podem simplesmente começar a evitar umas às outras, pois os sentimentos não resolvidos parecerão ameaçadores demais.

Não basta se abrir para conseguir lidar bem com as emoções. Como alguém pode identificar e compartilhar seus próprios sentimentos durante uma relação difícil sem culpar a outra pessoa nem aumentar seu senso de vulnerabilidade? Os passos a seguir podem ajudá-lo.

Identifique seus sentimentos

Talvez seja difícil nomear nossos próprios sentimentos. Um dos motivos talvez seja a dificuldade em rotular suas emoções. Nesse caso, verifique os termos a seguir, que são usados para designar sentimentos negativos, e procure desenvolver seu próprio "vocabulário dos sentimentos":

Impaciente
Chateado
Defensivo
Triste
Receoso
Traído
Confuso
Constrangido
Zangado
Ansioso
Cético
Solitário

Frustrado
Ciumento
Medroso
Envergonhado
Vulnerável
Ofendido
Isolado
Inseguro
Decepcionado
Preocupado
Atordoado
Nervoso

Se você tem o costume de "esconder" seus sentimentos em outros comentários durante uma discussão difícil com outra pessoa, talvez também encontre dificuldade ao tentar identificar seus sentimentos.

Ao ampliar seu vocabulário dos sentimentos e detectar sentimentos e pensamentos não expressos, você terá mais facilidade para sentir-se totalmente presente e responsável em uma relação difícil.

Escondendo seus sentimentos

Se você disse...	Talvez esteja...	E talvez esteja sentindo...
"A solução é executar estas tarefas dentro do orçamento."	querendo resolver depressa o problema	medo de não obter financiamento para um projeto subsequente
"Você é excessivamente apático."	caracterizando a outra pessoa	decepção porque a outra pessoa parece não estar comprometida com o trabalho
"Você deveria ter apoiado minha proposta na reunião."	julgando como um colega deve se comportar	raiva de um colega que você acreditava estar apoiando suas ideias
"Por que ignorou meu memorando sobre a nova estratégia?"	atribuindo um valor à intenção de outra pessoa	preocupação em relação à sua capacidade de liderança

Você também pode ajudar as outras pessoas a identificar e descrever seus próprios sentimentos. Por exemplo:

- **Explore sinais.** "Você mencionou um interesse em ser promovido. Será que está zangado porque assumi o projeto e você não?"

- **Faça perguntas.** "O que mais pode estar preocupando você nesta situação?"
- **Faça observações.** "Notei que você não está olhando diretamente para mim. Está se sentindo constrangido em relação à apresentação?"

Reformule pensamentos destrutivos

Não é fácil suportar as emoções difíceis e os pensamentos que disparam essas emoções. Você não precisa carregar isso sempre com você como se fosse uma mochila pesada nas costas. Reserve um tempo para a autoempatia e a reflexão. Você poderá vivenciar e eliminar sentimentos difíceis em um período relativamente curto. Pratique estas técnicas:

- **Explore as intenções da outra pessoa e os fatos.** Se descobrir que seu funcionário tinha boas intenções e motivos legítimos para não aparecer em uma reunião semanal, talvez você deixe de ficar chateado.
- **Verifique de que forma você pode ter contribuído para o problema.** Se perceber que aconselhou os funcionários a se concentrarem mais na conclusão de um projeto do que no

preenchimento de relatórios, talvez sua frustração em relação a relatórios atrasados fique sem sentido.

- **Pergunte a si mesmo quais pressuposições estão levando você a se sentir assim**. Se descobrir que estava enganado em sua pressuposição de que uma colega dá tanto valor à qualidade dos produtos quanto você, talvez não se importe com a tendência de ela não ligar muito para o controle de qualidade.

- **Não reprima seus sentimentos.** Um dos motivos que levam os sentimentos a um "estado" ou padrão de comportamento é que simplesmente não nos permitimos senti-los nem expressá-los. Isso ocorre em relação a nós mesmos e aos outros. Quando você está assustado, é natural que diga a si mesmo ou a um colega: "Estou um pouco preocupado com esta atribuição." Também faz sentido que a outra pessoa simplesmente testemunhe e reconheça seu sentimento, sem precisar modificá-lo.

Estratégias para transformar sentimentos de raiva em ação produtiva

A raiva pode ser um dos sentimentos mais intensos e perturbadores durante um conflito. As estratégias a seguir podem ajudá-lo a gerenciar a raiva com eficácia.

1. Reconheça que você tem o direito de sentir raiva e expressá-la – de maneira construtiva.
2. Comprometa-se a aprender como expressar a raiva de maneira construtiva. Que tal encontrar um coach que possa ajudá-lo?
3. Fique atento aos sinais de que você está alimentando sentimentos de raiva, como, por exemplo, o uso do sarcasmo, impertinência, fofocas ou conspiração pelas costas de outra pessoa.
4. Lembre-se de que o que dispara sua raiva é um comportamento ou uma situação, e não uma outra pessoa.
5. Livre-se da raiva intensa por meio de alguma atividade física inofensiva, como, por exemplo, dar vários socos em uma almofada; ou canalize isso para atividades diárias produtivas. Que tal limpar o escritório? Converse com um amigo que possa ajudá-lo a identificar as causas de sua raiva, em vez de alimentá-la cada vez mais.

6. Expresse a raiva de maneira construtiva, descrevendo seu sentimento à pessoa cujos comportamentos o incomodam, em vez de fazer ameaças ou acusações. Por exemplo: "Como você faltou a duas reuniões seguidas, fiquei com raiva, pois os outros membros da equipe não obtiveram as informações necessárias para executar a parte deles no projeto. Não consegui atender minha necessidade de integridade e eficácia."

7. Se for difícil para você descrever sua raiva para alguém com quem trabalha, escreva todos os comportamentos ou situações que deixam você furioso. Peça para a outra pessoa fazer o mesmo. Reúnam-se para conversar sobre os itens importantes em suas respectivas listas, revezando-se e ouvindo o que outro tem a dizer sem interrupção.

Expresse sentimentos de maneira produtiva

Após reformular pensamentos destrutivos, nomeie seu sentimento. Sua meta é conseguir expressar-se com sinceridade, sem julgar nem culpar a outra pessoa.

Vejamos um exemplo: "Não sei se isso faz sentido, mas quando você ignorou meu memorando questionei minha capacidade de lidar com esta equipe. Depois, comecei a me preocupar com um provável fracasso do projeto. Fiquei frustrado por não conseguir dar prosseguimento ao trabalho."

Dica: Para ajudar a dissipar pensamentos e emoções destrutivas durante uma relação difícil, lembre-se de um incidente engraçado. Desse modo, reduzirá sua ansiedade. Procure compartilhar o incidente com a outra pessoa. Talvez consiga diminuir o nível de ansiedade dela também. O humor promove o relaxamento e a abertura a novas ideias. Evite fazer piadas íntimas, alusões culturais ou brincadeiras que possam trazer à tona problemas ou preocupações da outra pessoa.

Etapa 3: Como gerenciar as ameaças à autoimagem

AO DISCUTIR SOBRE RELAÇÕES DIFÍCEIS com outra pessoa, talvez você fique preocupado em ser questionado em relação às suas percepções sobre si mesmo. Por exemplo, suponhamos que um subordinado diga: "Não compareci à reunião porque achei que você não dava valor às minhas ideias." Como resposta, você pensa consigo mesmo: "Talvez eu não seja mesmo um gerente competente."

Para muitas pessoas, a sensação de que sua autoimagem está sendo desafiada gera ansiedade. Convém analisar os sentimentos sobre a autoimagem (em você e na outra pessoa) durante relações difíceis. Por quê? A ansiedade sobre a autoimagem pode nos desconcertar, tornando praticamente impossível uma conversa produtiva sobre *qualquer* assunto.

Compreenda a ameaça

Sua autoimagem é criada a partir de diferentes pressupostos que você fez sobre si mesmo. Vejamos alguns exemplos:

- "Sou um gerente eficaz."
- "Sou uma pessoa boa."
- "Eu me importo com os funcionários."
- "Estou comprometido com o sucesso de minha empresa."
- "Sou leal."

É natural que provavelmente seja importante para você continuar se enxergando dessa forma, afinal, poucas pessoas gostam de se ver sob um ângulo negativo, ou seja, como incompetentes, insensíveis ou desleais.

Essa autoimagem pode ajudá-lo a suprir uma necessidade de autoestima, competência e de sentir-se valorizado pelos outros. Essas são necessidades importantes. Você não pode sacrificá-las, mas pode selecionar estratégias apropriadas para atender essas necessidades e dar aos outros a chance de atingi-las.

Ninguém pode fazer você se sentir inferior sem o seu consentimento.

Eleanor Roosevelt

Apesar de nosso desejo de pensarmos sobre nós mesmos em termos positivos, muitas vezes adotamos uma mentalidade "sou isso ou aquilo" quando nos referimos à nossa autoimagem: "Sou legal ou desleal", "Sou solícito ou insensível" e assim por diante. O problema dessa mentalidade é que ela nos torna menos tolerantes às críticas e ao feedback construtivo de outras pessoas.

Por exemplo, se um colega disser: "Fiquei decepcionado pois você não apoiou minha proposta", você poderá concluir: "Ele acha que não sou uma boa pessoa" ou "Talvez eu não seja um colega leal". Talvez seja extremamente difícil, ou mesmo intolerável, pensar que você é "desleal" ou "mau". Mas você pode *negar* isso, dizendo algo como: "*Dei* apoio a sua proposta. Como pode dizer uma coisa dessas?!"

Vejamos outras reações a desafios à nossa autoimagem solidificada:

- **Abandonar antigos sentimentos,** recorrer a generalizações, abstrações e visão distanciada das coisas: "Vamos nos acalmar e tentar definir um padrão de procedimentos operacionais precisos."

- **Contra-atacar** e ficar na defensiva: "Você está me chamando de mentiroso?"
- **Recusar-se a encarar diretamente a divergência** ou a assumir uma posição: "Não sabemos bem o que está acontecendo aqui... Você leu o artigo de Tom ontem?"

Todas essas reações têm algo em comum: nenhuma habilita você a ouvir o feedback construtivo e fazer as mudanças necessárias para melhorar sua forma de relação com os outros.

Lide com as ameaças

Várias estratégias podem ajudá-lo a lidar de maneira eficaz com desafios à sua autoimagem durante uma relação difícil. Para dar um exemplo claro disso, você pode buscar *compreender sua autoimagem.* Liste as pressuposições que a influenciam. Pergunte a si mesmo quais dessas pressuposições evocam os sentimentos mais fortes. Essas são as pressuposições com maior probabilidade de desencadear um sentimento de ameaça à sua autoimagem quando entram em jogo durante uma divergência. Ao conseguir prever que você pode sentir ansiedade ou vontade de ficar na defensiva em relação a esses elementos de sua autoimagem, talvez você consiga controlar melhor esses sentimentos caso eles surjam.

Você também pode *adotar uma mentalidade "isso e aquilo"*. Em vez de pressupor que você pode ser competente *ou* incompetente, lembre-se de que você, assim como qualquer outra pessoa, é muito mais complexo do que isso. Cada indivíduo é um misto de qualidades positivas e negativas; ninguém é *o tempo todo* uma coisa só. Provavelmente você é competente em algumas áreas e menos habilidoso em outras. É apropriado sentir-se bem sob vários aspectos de sua personalidade e ambivalente em relação a muitos outros.

Além disso, você pode *aceitar a imperfeição*. Reconheça que todo mundo comete erros às vezes, e que as motivações das pessoas também são complexas. Por exemplo, talvez sua intenção fosse acelerar um projeto quando decidiu retirar uma tarefa delegada a um funcionário, que não conseguiria concluí-la a tempo. Mas, no fundo, você também sabia que essa ação o permitiria expressar sua frustração, sem precisar entrar em uma discussão desconfortável. Sendo assim, você tinha alguns motivos admiráveis e outros não tão admiráveis.

Finalmente, é possível encontrar a necessidade subjacente à imagem. Lembre-se de que você é humano e, como todo ser humano, tem necessidades. Veja a seguir algumas necessidades básicas que temos no ambiente de trabalho.

Eficácia
Integridade
Segurança
Estima
Parceria
Criatividade
Respeito
Valorização
Colaboração
Satisfação
Significado
Progresso
Relaxamento
Clareza

Ajude os outros a lidar com ameaças à autoimagem

Assim como você, a outra pessoa também precisa lidar com ameaças à autoimagem percebidas durante um confronto. Você pode ajudá-la a gerenciar a ansiedade sobre a autoimagem levantando a questão de forma explícita. Por exemplo:

- **Admita suas preocupações com a autoimagem.** Por exemplo: "Tenho tendência a ser sensível às críticas sobre meu estilo de liderança, mas sei que preciso de seu feedback. Então, conto com a compreensão de vocês se parecer que estou ficando um pouco defensivo." Quando você reconhece abertamente suas próprias ansiedades sobre a autoimagem, talvez esteja tornando mais fácil para a outra pessoa fazer o mesmo.

- **Faça perguntas sobre autoimagem.** Por exemplo: "A meu ver, a situação em questão revela se você está comprometido ou não com este projeto. Você tem a mesma visão?"
- **Procure enxergar a outra pessoa como humana também.** Lembre-se de que o outro comete erros e tem motivações complexas. Reconheça em sua própria mente que a outra pessoa não é totalmente competente nem absolutamente incompetente; ela não tem enorme consideração pelo projeto nem um desinteresse total por ele; e assim por diante.
- **Ajude os outros a nomear a necessidade que não está sendo atendida.** Procure imaginar o que se passa além do que é visível. Por exemplo: "Pat, imagino que você queira realmente concluir este projeto amanhã, que esteja um pouco nervosa porque se comprometeu com a equipe. Isso faz sentido para você?"

Ao reconhecer as preocupações com a autoimagem e ajudar os outros a lidar com as deles, você facilita a discussão sobre comportamentos improdutivos e também a disposição para modificá-los, a fim de melhorar a qualidade de suas relações.

Etapa 4: Como resolver o problema real

VOCÊ TEVE ALGUMAS conversas preliminares com alguém sobre o conflito que está prejudicando seu relacionamento de trabalho e você concordou que deseja melhorar a situação. Então, chegou a hora de conduzir uma conversa especialmente voltada para a resolução do problema. Há diversas maneiras de realizar essa relação. As abordagens a seguir o ajudarão a engendrar uma solução duradoura, e não um paliativo temporário para alívio imediato.

Estruture o problema de maneira produtiva

Ao discutir sobre as dificuldades entre você e a outra pessoa, procure estruturar o problema de maneira produtiva. O quadro da página 67, "Estrutura eficaz e ineficaz", mostra exemplos contrastantes.

Aprenda a compartilhar e a ouvir

Durante uma conversa, continue compartilhando seu ponto de vista e escutando o outro para poder compreender a perspectiva da outra pessoa. Aplique estas práticas:

- **Compartilhar**. Cite experiências, motivações e sentimentos que estão influenciando suas percepções do problema. Reafirme seu comprometimento em melhorar o relacionamento. Deixe claro que você vê a outra pessoa como um parceiro no processo de resolver as dificuldades entre vocês.
- **Ouvir**. Faça perguntas para investigar mais informações da outra pessoa sobre suas experiências, motivações, sentimentos e percepções. Faça uso da paráfrase para testar sua compreensão do que está ouvindo. Reconheça os sentimentos subjacentes às acusações e críticas recebidas.

Ao compartilhar e ouvir, sua meta é conseguir juntar as peças de um mosaico que retrata como você e a outra pessoa entram na situação difícil.

Estrutura eficaz e ineficaz

Princípio da estruturação	O que dizer	O que não dizer
Descreva suas dificuldades como diferenças entre vocês, e não como defeitos de caráter.	"Joan, parece que você tem destacado a importância de ater-se ao orçamento neste projeto. Presumo que o cumprimento dos prazos internos é nossa maior prioridade."	"Joan, parece que você não se importa em cumprir as metas deste projeto. Costuma descumprir os prazos internos preestabelecidos."
Concentre-se em percepções, e não em verdades pressupostas.	"Larry, a meu ver, atingir os níveis de qualidade preestabelecidos significa produzir relatórios isentos de erros."	"Larry, devemos almejar não encontrar erros nos relatórios gerados. É isso que chamamos de qualidade."
Destaque as contribuições, não a busca de um culpado.	"Sarah, sei que contribuí em parte para este problema, ao acreditar que não precisava mostrar a você minhas prioridades."	"Sarah, você parece ser a única que não compreende a importância disso para fazer a proposta da maneira correta."
Expresse sentimentos, e não acusações.	"Peter, fico frustrado quando você não cumpre o que prometeu para a equipe do projeto."	"Peter, você me deixou realmente furioso; não dá para confiar em você quando se trata de comprometimento."

Etapas para usar a escuta ativa

1. **Escute a outra pessoa.** Dê total atenção à outra pessoa, resistindo a qualquer impulso de interromper, planejar seu próximo comentário ou julgar a outra pessoa.

2. **Peça para a outra pessoa esclarecer sua posição.** Faça perguntas abertas para incentivar a outra pessoa a esclarecer sua posição e interesses em relação ao problema que está no centro do conflito. Inicie as perguntas com frases como "Fale-me sobre..." "Você pode me explicar..." "Como se sente em relação a..." "Você consegue descrever..." "O que aconteceu quando..."

3. **Procure parafrasear para mostrar sua compreensão.** De vez em quando, procure parafrasear o que ouve, buscando refletir os sentimentos e o conteúdo da mensagem. Por exemplo: "Se compreendi bem, sua posição é..." ou "Você parece preocupado com..." Se a outra pessoa discordar de sua paráfrase, peça-lhe que esclareça o ponto. Depois, parafraseie novamente para verificar se você compreendeu a mensagem.

4. **Determine se suas interpretações estão se tornando mais precisas.** Durante a discussão, preste atenção no que o outro diz para saber se suas interpretações do que você está ouvindo estão ficando mais precisas. Comentários da outra pessoa do tipo "Foi exatamente isso que quis dizer" e "Isso mesmo! Acho que compreende meu problema" são sinais de que você aprendeu bem as técni-

cas da escuta ativa. A linguagem corporal, como sorrir, balançar a cabeça em sinal de aprovação e suspirar de alívio sugerem que você está no caminho certo.

No meio de qualquer dificuldade encontra-se a oportunidade.

Albert Einstein

Desenvolva um plano para a mudança

Para engendrar um plano eficaz de mudança, explore soluções em potencial que atendam às diferentes preocupações e interesses de cada lado. Por exemplo, vejamos como Matt, o gerente, resolveu uma dificuldade com Brenda, sua subordinada.

Matt: Temos opiniões diferentes sobre se vale a pena ou não fazer demonstrações destes produtos. Sabe, nunca compreendi realmente por que leva tanto tempo para eles serem lançados e por que são tão caros.

Brenda: Como queremos acertar, pedimos a opinião de todas as partes envolvidas. Mantemos grupos de foco e fazemos várias rodadas de revisão, às vezes até cinco rodadas. Tanto é que conseguimos produzir uma demonstração de produto de ótima qualidade.

Matt: Acho que temos percepções diferentes sobre o que é importante. Você está focado na qualidade, o que é compreensível. Mas estou buscando resultados financeiros. Prefiro ter uma demonstração excelente, econômica e oportuna do que buscar a perfeição.

Brenda: O que você entende por "excelente"?

Matt: Boa o suficiente para oferecer aos clientes uma noção clara e convincente sobre o produto... Gostaria de saber o seguinte: Qual é o valor dos grupos de foco?

Brenda: É difícil avaliar. As pessoas discordam em relação a seu valor. Às vezes, realmente precisamos descobrir o que é; outras vezes, trata-se de um procedimento-padrão.

Matt: E quanto às revisões? Quando vocês deixam de receber feedback crítico e começam a obter feedback do tipo que leva à mudança de uma única palavra ou ao uso de uma cor um pouco diferente?

Brenda: Eu diria que... na quarta rodada.

Matt: Então, que tal manter grupos de foco apenas quando há uma necessidade clara e reduzir o número de revisões para três? Teríamos um nível de qualidade com o qual você se sentiria confortável?

Brenda: Sim. Acho que conseguiria conviver com isso.

Assim como em qualquer plano de ação, você precisa esclarecer como executará o plano para gerenciar uma situação difícil com outra pessoa. Dessa forma, pode ajudar a garantir que a solução desenvolvida resolva o problema identificado. Mantenha estes princípios em mente ao discutir sobre formas de implementar o plano:

- **Determine como você avaliará o nível de sucesso**. No caso de Matt e Brenda, eles podem optar por avaliar o progresso comparando o número de grupos de foco mantidos para a demonstração atual em relação ao número mantido para demonstrações anteriores. Assim, eles garantem a manutenção de um menor número de grupos de foco. Podem verificar se o número de revisões foi, de fato, reduzido para três, conforme acordado entre eles. E também podem determinar como avaliar a qualidade da demonstração. Por exemplo, eles podem fazer isso através do número de perguntas feitas por clientes após o uso de uma demonstração.

- **Decida como será feita a comunicação.** Vocês se encontrarão uma vez por semana para discutir sobre o andamento das coisas e fazer mudanças necessárias no plano de ação? Conversarão diariamente por telefone ou e-mail? Como lidarão com tensões que possam surgir durante essas discussões? Estabelecerão regras básicas, como, por exemplo, "Não é permitido fazer acusações nem julgamentos de caráter"?

Etapas práticas para melhorar a forma como você gerencia relações difíceis

1. **Registre suas relações difíceis.** Passe algumas semanas acompanhando suas relações difíceis no ambiente de trabalho. Registre suas observações em um bloco, indicando a causa de cada conflito, o que aconteceu durante cada situação e o resultado.

2. **Identifique padrões e explore suas atitudes.** Analise suas observações para determinar se elas seguem um padrão. Por exemplo, você tende a evitar ao máximo o conflito? Permite que a outra pessoa tenha o poder de deci-

são o tempo todo? Promove situações ganha-perde em vez de ganha-ganha?

Reflita também sobre suas atitudes em relação às relações difíceis. Por exemplo, você tende a pressupor que os outros são culpados por situações difíceis? Acredita que não há esperança de melhorar uma situação difícil? Acredita que os problemas se resolverão por si só? Tem medo do conflito interpessoal?

3. **Prepare um plano de aperfeiçoamento.** Identifique maneiras de mudar atitudes improdutivas em relação a relações difíceis. Por exemplo, lembre-se de que a maioria dos problemas não se resolve sozinha e que você não está tentando mudar outra pessoa; você está tentando mudar a forma como vocês dois interagem. A fim de gerar ideias para melhorar sua capacidade de gerenciar relações difíceis, converse com colegas com talento para lidar com conflitos e leia livros sobre o assunto. Já pensou em obter coaching em gerenciamento de conflitos?

   Utilize o que você aprendeu até aqui para definir medidas a serem tomadas para fortalecer suas habilidades. Por exemplo, você pedirá a um amigo para ajudá-lo a simular uma interação sobre determinado conflito com um funcionário? Procurará um curso sobre gerenciamento de conflitos? Tentará lidar primeiro com uma situação relativamente menos difícil para, depois, encarar situações mais desafiadoras?

4. **Implemente seu plano.** Coloque em prática o seu plano, verificando o progresso pelo menos uma vez por semana para garantir que não perdeu o foco. Peça a um colega de confiança para acompanhá-lo nesse processo e ajudá-lo a garantir que você continue se responsabilizando pela execução do plano.

5. **Avalie os resultados.** Após executar o plano, registre mais relações difíceis por algumas semanas. Compare os resultados de seu novo estilo com os do estilo anterior. Você está conseguindo chegar a acordos mais satisfatórios com menos repercussões negativas? Suas atitudes são mais produtivas e realistas em relação a relações difíceis? Em caso negativo, passe para a etapa 6.

6. **Faça as alterações necessárias no plano.** Determine por que você não obteve bons resultados no plano anterior. Por exemplo, você primeiro praticou novas habilidades de gerenciamento de conflitos em situações extremamente desafiadoras, em vez de começar pelas dificuldades gerenciáveis? Usando seus insights, desenvolva um plano revisado para melhorar a forma como gerencia relações difíceis. Coloque o plano em prática e avalie novamente os resultados, continuando a buscar a sintonia fina de seu plano, até encontrar resultados positivos em seu estilo de gerenciamento de conflitos.

Como ajudar os funcionários a gerenciar relações difíceis

Quase sempre, é melhor deixar que seus subordinados diretos resolvam conflitos sem a sua intervenção. E convém deixar essa expectativa clara junto aos subordinados. Mas como saber identificar que as coisas foram longe demais e que você precisa entrar em cena?

Antes de abordarmos esse assunto, observe um ponto importante: *se um conflito envolve conduta ilícita, como, por exemplo, o assédio sexual ou violações a direitos civis, ele vai muito além da definição de relação difícil. Nesses casos, você precisa recorrer aos recursos adequados (em geral, o RH ou o departamento jurídico da empresa) para tratar da situação.*

Decida se convém ou não intervir

Quando surgir um conflito entre os funcionários, pense bem se vale a pena participar ativamente para ajudar as partes envolvidas a resolver um conflito. Como gerente, você pode orientar os subordinados para que aprendam como gerenciar relações difíceis sozinhos.

Em alguns casos, você também pode optar por intervir diretamente em uma discórdia entre os funcionários. Alguns especialistas sugerem que, quando um mal-entendido não interfere no desempenho de um funcionário, não perturba o ambiente de trabalho e não viola a política da empresa, talvez a melhor abordagem seja o "negligenciamento benigno". A não-intervenção dá a seus subordinados a oportunidade de resolverem sozinhos as relações difíceis e apresentarem uma unidade de alto desempenho, bem como fortalecer suas habilidades de resolução de problemas. Sou a favor dessa postura. Em casos como esse, costumo simplesmente perguntar "Como anda o projeto ABC?" e dou ao próprio funcionário a chance de solicitar coaching.

Você *deve* intervir quando os conflitos perturbam o ambiente de trabalho ou atrapalham a produtividade. A intervenção também é importante quando:

- Surge um mal-entendido entre um funcionário que sabe se impor e uma pessoa tímida, ou quando os dois indivíduos têm o mesmo perfil.

- Uma discussão entre dois subordinados chega a tal ponto que começa a envolver outros membros do staff.
- O conflito passa dos limites e se transforma em uma série de ataques pessoais.
- Um dos indivíduos envolvidos ou ambos pedem sua ajuda.

Facilite a resolução

Quando identificar um conflito entre funcionários que mereça sua intervenção, cogite a utilização do seguinte processo para facilitar a resolução:

1. Ajude os indivíduos envolvidos a definir o problema em termos específicos e observáveis. Incentive-os a descrever seus sentimentos, motivações e necessidades.
2. Certifique-se de que as pessoas escutem atentamente umas às outras. Sirva de modelo para a paráfrase e outras habilidades de escuta ativa para demonstrar como isso é realizado.
3. Ajude-os a identificar áreas de convergência. Por exemplo, talvez as duas pessoas saibam perfeitamente o tipo de interesse de cada uma no projeto, mas tenham visões diferentes sobre como desempenhar melhor o trabalho.

4. Incentive os dois indivíduos a fazer um brainstorm de soluções alternativas. Avalie até que ponto as soluções propostas satisfazem suas preocupações e interesses.
5. Sugira que os dois criem um plano de resolução de problemas. Prontifique-se a ajudá-los a criar e começar a implementar o plano, caso necessário.
6. Programe futuras reuniões durante as quais os indivíduos envolvidos possam conversar, sob sua orientação, sobre o andamento das coisas e se a solução está funcionando.

O que VOCÊ faria?

Será que a sensatez prevalecerá?

ISABELLE, GERENTE de uma empresa prestadora de serviços, notou que uma situação desagradável estava se instaurando entre Bruce e Louisa, dois membros de seu grupo. Eles criticaram indiretamente a competência um do outro durante reuniões da equipe e seu ataque sutil acabou sendo flagrado em uma troca pública de e-mails. Ela suspeitou de que o conflito estava levando-os a se distanciar da tarefa mais importante: dar o melhor de si no trabalho. Além disso, os comentários deles estavam gerando tensão nas reuniões, incomodando o resto da equipe e ameaçando o desempenho geral. O clima no trabalho estava ficando realmente desagradável e isso não era bom.

Isabelle convocou uma reunião com os dois, e começou descrevendo os comportamentos destrutivos que Bruce e Louisa estavam demonstrando. Ela também expressou suas preocupações com os efeitos nocivos desse conflito sobre a produtividade deles, bem como sobre o desempenho e o moral do grupo. Bruce e Louisa começaram logo a se defender, em um tom cada vez mais alterado. Isabelle interrompeu-os e pediu que se alternassem para explicar os fatos segundo a ótica de cada um. Louisa falou primeiro. Com as mãos fechadas, ela reclamou: "É tão frustrante. Sinto como se tivesse que fazer o trabalho de Bruce no lugar dele quando não consegue cumprir os prazos. Muitas vezes, acabo saindo mais tarde. Ele não está cumprindo sua parte no projeto." Não se contendo mais de tanta raiva, Bruce respondeu logo: "Já estou farto dessa situação. Muitas vezes preciso refazer meu trabalho, pois Louise não me passa as informações necessárias com antecedência. Se ela trabalhasse *junto* comigo e não *contra* mim, conseguiríamos entregar o projeto no prazo e bem-feito."

Isabelle pensou consigo mesma: *"Vamos parar por aí! A situação está ficando fora de controle."* Ela queria encontrar um meio de tornar as reuniões novamente produtivas.

O que VOCÊ faria? O mentor sugere uma solução em *O que você PODERIA fazer.*

Oriente os funcionários a aperfeiçoar habilidades

Para ensinar seus subordinados a lidar sozinhos com seus conflitos, procure implementar as seguintes estratégias de coaching:

- **Simule situações de resolução de conflito com um ou mais funcionários**. Peça a opinião de funcionários sobre o que deu certo, o que deu errado e de como lidar melhor com o próximo cenário de prática.

- **Estabeleça metas para praticar e fortalecer habilidades de resolução de conflitos**. Por exemplo, sugira que um funcionário identifique um colega com o qual ele tenha um pequeno mal-entendido. O funcionário pode praticar com essa pessoa "de confiança" habilidades de resolução de conflitos, tais como estruturar o problema em termos das diferenças e expressar seus sentimentos em vez de culpar o outro. Depois, ele pode, aos poucos, praticar em situações mais difíceis.

- **Defina maneiras de avaliar o progresso em relação às metas**. Por exemplo, o subordinado terá atingido a meta se conduzir três relações com um colega que, de fato, contribuiu para melhorar o relacionamento?

- **Forneça os recursos necessários, como, por exemplo, o acesso a cursos e workshops sobre resolução de conflitos**. Sugira que o funcionário converse sobre a resolução de conflitos com indivíduos que você sabe que têm preparo para lidar com esse tipo de situação.

Ao realizar o coaching, lembre-se de que seus funcionários precisam de tempo para dominar bem a arte de gerenciar relações difíceis.

Eles também precisarão de oportunidades frequentes de aperfeiçoamento de suas habilidades. Inicialmente, talvez alguns indivíduos não tenham consciência de que lhes falta a competência para lidar com conflitos com destreza. Outros talvez saibam que precisam fortalecer essas habilidades, mas não sabem como fazê-lo. Outros, ainda, podem até compreender as técnicas subjacentes ao gerenciamento de relações difíceis, mas precisam refletir sobre como aplicá-las. Todos esses indivíduos podem se beneficiar de sua orientação. Com coaching, prática e feedback suficientes, seus subordinados acabarão conseguindo gerenciar seus próprios mal-entendidos com eficácia.

Pense nas relações difíceis existentes no momento entre os funcionários. Em quais delas você deve intervir? Quais delas devem ser resolvidas pelas pessoas envolvidas? Como você deve orientar seus subordinados para que eles aprendam a gerenciar sozinhos as relações difíceis?

? O que você PODERIA fazer.

Está lembrado da preocupação de Isabelle sobre como lidar com a frustração de Bruce e de Louisa?

Vejamos a sugestão do mentor:

A esta altura da reunião, Isabelle precisa ajudar Bruce e Louisa a reconhecerem e dominarem os fortes sentimentos gerados. Como ela ouviu atentamente seus dois funcionários à medida que apresentavam individualmente os chamados fatos (na visão *deles*), ela pode resumir o que está ouvindo: "Percebo que cada um de vocês está extremamente frustrado. Mas reparem que os dois mencionaram o projeto e obviamente desejam que ele seja bem-sucedido. Ambos seguem padrões altos e se empenham para mantê-los. Vamos nos concentrar nisso." A intensidade emocional na sala provavelmente tenderia a cair quando Bruce e Louisa começassem a focar seus interesses em comum nos padrões e no projeto, em vez de se ater às frustrações entre eles.

Antes da reunião, Bruce e Louisa haviam expressado seus sentimentos de forma indireta por meio dos ataques um ao outro. Os dois se sentiram atacados; por isso, decidiram atacar. Como diz o velho ditado: "A melhor defesa é um bom ataque." Durante a reunião, Isabelle começou a quebrar esse ciclo pois, primeiro, permitiu que Bruce e Louisa expressassem seus pontos de vista. Ela poderá quebrar ainda mais esse ciclo se focar a discussão nas prioridades que eles têm em comum.

Sugestões e ferramentas

Ferramentas para gerenciar relações difíceis

COMO GERENCIAR RELAÇÕES DIFÍCEIS

Descobrindo a causa da dificuldade

Use esta planilha para ajudá-lo a identificar as causas de relações difíceis entre você e outra pessoa no trabalho.

Como sua percepção da situação difere da percepção da outra pessoa?
Que motivações da outra pessoa podem diferir das suas?
O que você considera difícil no estilo de trabalho da outra pessoa?
O que você considera difícil no estilo de comunicação da outra pessoa?
Descreva o problema em questão. Quais são as visões e interesses seus e da outra pessoa em relação ao problema?
Que tipos de diferenças (de experiência, cultura, dentre outras) podem estar contribuindo para o problema?
Saldo final – quais são suas conclusões sobre a causa da dificuldade?

COMO GERENCIAR RELAÇÕES DIFÍCEIS

Decidindo se vale a pena lidar com uma relação difícil

Use esta planilha para determinar se você deve gerenciar uma relação difícil ou deixar para lá.

Qual é o nível de importância de seu relacionamento com esta pessoa?

Até que ponto a situação difícil afetará sua capacidade de trabalhar com esta pessoa no futuro?

(Use uma escala de 1 a 5, em que 5 representa o maior impacto)

Em nada ______ Tremendamente

☐ 1 ☐ 2 ☐ 3 ☐ 4 ☐ 5

Se vocês dois conseguissem lidar bem com o conflito, o quanto isso beneficiaria seu relacionamento de trabalho?

(Use uma escala de 1 a 5, em que 5 representa o maior potencial)

Nenhum benefício ______ Um enorme benefício

☐ 1 ☐ 2 ☐ 3 ☐ 4 ☐ 5

Qual é o nível de risco em seu relacionamento com esta pessoa?

☐ Alto ☐ Médio ☐ Baixo

Seu relacionamento com esta pessoa é de curto prazo ou de longo prazo?

☐ Curto ☐ Longo

Qual é a probabilidade de o relacionamento melhorar? (*Se um dos dois ou ambos têm sérios problemas emocionais ou um histórico de comportamentos destrutivos com um grande número de pessoas em diversas situações, é provável que o relacionamento não possa melhorar.*)

(Use uma escala de 1 a 5, em que 5 representa a maior probabilidade)

É improvável ______ É muito provável

☐ 1 ☐ 2 ☐ 3 ☐ 4 ☐ 5

Quais serão os custos em potencial se você optar por lidar com esta situação difícil?

Quais serão os benefícios em potencial se você optar por lidar com esta situação difícil?

A recompensa faz valer o tempo dedicado a essa causa?

☐ Sim ☐ Não

COMO GERENCIAR RELAÇÕES DIFÍCEIS

Avaliando percepções e comportamentos em uma relação difícil

Use esta avaliação para definir uma relação difícil sob seu ponto de vista e segundo a visão da outra pessoa.

Qual é a situação?

Qual é a sua percepção da situação?

Quais experiências, informações, motivações, interesses e suposições levam você a encarar a situação desta forma?

Como a outra pessoa encara a situação?

Quais experiências, informações, motivações, interesses e suposições levam a outra pessoa a encarar a situação desta forma?

Quais são as principais diferenças entre as visões dos dois lados sobre a situação difícil? Para cada diferença, liste possíveis soluções ou áreas de consenso.

Diferença	Solução/consenso

Baseado em ferramenta criada por Interaction Associates.

COMO GERENCIAR RELAÇÕES DIFÍCEIS

Discutindo uma relação difícil

Use esta ferramenta para avaliar a eficácia de sua discussão sobre uma relação difícil com a outra pessoa envolvida. Para cada afirmação, indique "sim" ou "não".

Durante uma ou mais interações, a outra pessoa e eu...	**Sim**	**Não**
1. Discutimos sobre nossos diferentes interesses em relação ao problema em questão.		
2. Reconhecemos outras diferenças, como estilos de comunicação ou trabalho, motivações, percepções sobre o que é importante e experiências e formação cultural.		
3. Concordamos que desejamos melhorar nosso relacionamento.		
4. Compartilhamos nossas impressões sobre o que está acontecendo e os motivos subjacentes a nossas impressões.		
5. Descrevemos o que estamos sentindo como reflexo de nossas dificuldades.		
6. Reconhecemos preocupações com autoimagem e com o atendimento às necessidades subjacentes que surgiram inesperadamente em função do conflito.		
7. Reconhecemos que ninguém é perfeito e que todos cometem erros.		
8. Demonstramos sensibilidade ao discurso um do outro – por exemplo, fazendo perguntas, parafraseando e não interrompendo.		
9. Resistimos à tentação de culpar, acusar ou julgar um ao outro.		
10. Declaramos nossas contribuições individuais para o problema.		
11. Encontramos formas de atenuar emoções intensas – por exemplo, fazendo pausas e depois retomando a discussão.		
12. Concentramos a discussão em torno das diferenças, e não dos defeitos de caráter.		
13. Enfocamos as diferentes percepções, e não verdades presumidas.		
14. Trabalhamos para identificar emoções ocultas em acusações ou julgamentos.		
15. Trabalhamos para remover barreiras a nossa capacidade de lidar com a dificuldade, tais como medo do conflito ou crença de que o problema se resolverá por si só.		

Com base em suas respostas, até que ponto você acha que suas interações com a outra pessoa sobre a relação difícil foram eficazes?

Pense nas questões às quais respondeu "não". Que medidas você pode tomar em uma interação subsequente com essa pessoa para aperfeiçoar suas habilidades de gerenciar a dificuldade?

COMO GERENCIAR RELAÇÕES DIFÍCEIS

Criando um plano de mudança

Use esta planilha para criar um plano para lidar com relações difíceis com determinada pessoa no trabalho.

1. Descreva a situação difícil.
2. Liste as diferenças (de motivações, interesses, estilos de trabalho e assim por diante) que levaram ao conflito.
3. Liste as soluções em potencial para o problema sobre o qual você e a outra pessoa discutiram. Avalie até que ponto cada solução proposta atenderia às preocupações e aos interesses de cada lado, mesmo que parcialmente.
4. Selecione a melhor solução.
5. Esclareça como você implementará a solução selecionada.
6. Explique como você medirá o sucesso (Como você e a outra pessoa saberão que a dificuldade entre vocês foi resolvida?)
7. Defina regras básicas para implementar o plano – por exemplo: "Notifique a outra pessoa diversos dias antes se não conseguirmos marcar uma reunião ou conversa."
8. Esclareça como você manterá a comunicação com a outra pessoa (Você e a outra pessoa terão reuniões semanais para discutir o andamento do plano? Vocês manterão contato por e-mail periodicamente?)
9. Descreva como você lidará com tensões ou recaídas durante a implementação do plano, e como você fará as revisões necessárias ao plano.

COMO GERENCIAR RELAÇÕES DIFÍCEIS

Resolvendo uma relação difícil entre funcionários

Use esta planilha para identificar conflitos entre funcionários nos quais valha a pena intervir para facilitar interações produtivas entre os indivíduos envolvidos e para identificar estratégias, a fim de orientar funcionários sobre como gerenciar melhor suas relações difíceis.

Parte I. Decidindo se convém intervir

Afirmação	**Sim**	**Não**
1. O conflito é entre um funcionário que sabe se impor e uma pessoa tímida.		
2. O conflito é entre duas pessoas com diferentes posições.		
3. O conflito não se limita às duas pessoas, pois envolve outros membros do staff.		
4. O conflito envolve conduta ilegal, como assédio sexual ou violações de direitos civis.		
5. Os indivíduos envolvidos não têm consciência de que suas dificuldades estão gerando problemas de produtividade.		
6. Os indivíduos envolvidos estão conscientes de que suas dificuldades estão gerando problemas, mas não têm a capacidade de gerenciar sozinhos a dificuldade.		

Se você respondeu "sim" a alguma afirmação anterior, precisará intervir no problema. Passe para a parte II.

Parte II. Identificando pessoas com as habilidades necessárias

Data da interação:

Participantes:

Visão do participante 1 sobre o problema (incluindo sentimentos, motivações, interesses e necessidades subjacentes):

continua

Visão do participante 2 sobre o problema (incluindo sentimentos, motivações, interesses e necessidades subjacentes):
Áreas de acordo:
Soluções em potencial (liste como cada alternativa responde às preocupações e questões dos adversários):
Plano para solução dos problemas:
Reuniões futuras para verificar o progresso:

Parte III. Orientando funcionários na resolução de conflitos	
É útil ajudar os funcionários a resolver um conflito, mas ensiná-los a gerenciar sozinhos relações difíceis é ainda mais útil. A seguir, identifique como você orientará os subordinados diretos a lidar melhor sozinhos com relações difíceis.	
Funcionário	Estratégia de coaching

Teste

Esta seção apresenta dez perguntas de múltipla escolha para ajudá-lo a identificar seu conhecimento básico dos fundamentos do gerenciamento de relações difíceis. As respostas às perguntas se encontram no final do teste.

1. Relações difíceis podem gerar resultados muito indesejáveis que surgem sob a forma de relacionamentos tensos, desperdício de tempo e desempenho baixo. Duas das declarações a seguir são verdadeiras sobre essas relações difíceis. Qual delas é uma declaração *falsa*?

a. Muitas pessoas relutam em lidar com confrontos.

b. Nem sempre vale a pena investir tempo e energia para gerenciar um confronto.

c. Com o tempo, a maioria dos confrontos se resolve por si só.

2. Muitos gerentes evitam lidar com conflitos porque temem que isso piore a situação. Qual das seguintes estratégias você usaria para superar o medo do conflito?

a. Reconhecer que o conflito faz parte da vida e observar os resultados positivos do tratamento do conflito.

b. Reconhecer que você tem sua participação na situação problemática que surgiu entre você e a outra pessoa.

c. Identificar ações a serem tomadas para começar a melhorar a situação difícil em questão.

3. Qual é a principal causa subjacente à maioria das relações difíceis no ambiente de trabalho?

a. A má intenção de uma pessoa em relação à outra.

b. O mau caráter ou incompetência de um indivíduo.

c. Diferenças entre as pessoas.

4. Algumas divergências surgem porque as pessoas envolvidas assumem posições diferentes em relação a um problema ou possuem interesses diferentes em relação a esse problema. O que são "interesses"?

a. A postura de uma pessoa em relação a determinado problema.

b. O desejo ou a necessidade oculta em relação a determinado problema.

c. Os planos de uma pessoa para resolver determinado problema.

5. Seu tempo e energia são limitados; então, você precisa avaliar com cuidado as relações difíceis que merecem sua atenção e quais devem ser deixadas de lado. Em que situação você deve tentar resolver uma série específica de conflitos com alguém no trabalho?

a. Você notou que a outra pessoa tem um longo histórico de relacionamentos problemáticos com muitas pessoas nas mais variadas situações.

b. Você ficou sabendo que a outra pessoa está profundamente abalada emocionalmente.

c. Seu relacionamento com essa pessoa é de longo prazo e os riscos são altos.

6. Ao discutir sobre conflitos com a outra pessoa envolvida, você precisa descobrir os fatos da situação, ou seja, o que realmente está acontecendo. Qual destas declarações é verdadeira em relação a esse processo?

a. As experiências e suposições de cada pessoa sobre o que é importante, bem como as intenções, influenciarão sua percepção dos fatos.

b. Cada pessoa envolvida no conflito terá percepções semelhantes sobre o que está ocorrendo que levou à situação difícil.

c. É provável que uma pessoa tenha contribuído bem mais para o problema do que a outra.

7. Além de compreender as percepções de cada pessoa sobre o que está ocorrendo em uma relação difícil, é importante identificar as emoções envolvidas. Qual destas declarações é verdadeira em relação ao processo de identificar emoções?

a. Alguns gerentes têm dificuldade em rotular suas emoções e precisam desenvolver um "vocabulário dos sentimentos".

b. Quando uma pessoa tem determinado sentimento durante uma relação difícil, essa pessoa não consegue mudar esse sentimento.

c. Ao descrever seus sentimentos durante um conflito, você deve enfatizar apenas o sentimento mais intenso.

8. Além de compreender as percepções de cada pessoa sobre o que está acontecendo e identificar os sentimentos aflorados por uma relação difícil, os indivíduos envolvidos devem lidar com preocupações com a autoimagem. Qual destas declarações é mais sugestiva de que o falante se preocupa com a autoimagem?

a. "Cometi um grave erro naquele dia ao me esquecer de dizer a Jorge que aquela reunião foi muito importante."
b. "Não transmiti claramente minhas expectativas a Maya. Não sou um bom gerente."
c. "Preciso estar mais aberto ao feedback negativo sobre meu desempenho nesta nova função."

9. Durante uma recente interação, James e Carla, um gerente e uma funcionária que fazem parte de uma equipe de desenvolvimento de protótipos, perceberam que tinham percepções conflitantes sobre o que é essencial. Os dois descobriram uma solução para seu conflito que acarretou a alteração no número de iterações de protótipo conduzidas. Após implementarem o plano, James e Carla compararão o número de iterações conduzidas para o conjunto de protótipos existente com o número acordado no plano deles. Mas eles se esqueceram de uma etapa que é essencial para a implementação bem-sucedida do plano. Que etapa é essa?

a. Conseguir juntar as peças de um panorama que explica como eles entraram nessa situação difícil.
b. Selecionar critérios de mensuração para avaliar se eles conseguiram implementar bem a solução.

c. Decidir como será a comunicação entre eles daqui em diante.

10. Quando dois de seus funcionários se envolvem em um conflito, você precisa determinar se deve ou não intervir. Quais das seguintes condições lhe dão a certeza de que é melhor intervir?

a. O problema surgiu entre dois funcionários que têm a mesma posição e reputação em seu departamento ou equipe.

b. Você constatou que o confronto começou a envolver outras pessoas do staff, além dos adversários originais.

c. Você constatou que a situação não envolve possíveis violações a direitos civis nem outras condutas potencialmente ilegais.

Respostas às perguntas

1, c. A maior parte das relações difíceis, de fato, não se resolve por si só. Os problemas raramente se resolvem com o tempo. São as pessoas que os resolvem.

2, a. O primeiro passo para superar o medo do conflito é reconhecer que, apesar de o conflito poder parecer desconfortável, ele também faz parte da vida. Concentrar-se nos resultados positivos do enfrentamento do conflito, bem como identificar formas de se sentir mais confortável com a ideia de enfrentar o conflito, podem ajudá-lo a superar o medo.

3, c. A maior parte das relações difíceis no ambiente de trabalho se originam de diferenças entre as pessoas em termos de interesses, motivações, percepções, estilos de trabalho e comunicação, e experiências de vida ou formação cultural.

4, b. Interesses são os desejos de uma pessoa em relação a determinada questão. Por exemplo, um novo membro da equipe que deseja receber o mesmo período de férias que outros membros da equipe recebem (a *visão* dele em relação à *questão* do período de férias) pode ter um *interesse* em ser tratado de maneira justa, ou seja, um desejo. Muitas vezes, interesses diferentes podem ajudar as pessoas envolvidas a projetar soluções criativas que atendam aos interesses de ambos.

5, c. Quando determinado relacionamento de trabalho é essencial e você precisa colaborar com essa pessoa por um longo período em condições de alto risco, deseja encontrar formas de gerenciar relações difíceis com essa pessoa. Em contraposição, se você tiver uma interação tumultuada com um colega em um projeto de curto prazo, pequeno e com poucas chances de se repetir, provavelmente não desejará investir tempo e energia tentando melhorar o relacionamento.

6, a. Toda história tem dois lados e cada pessoa enxerga um conflito de acordo com uma série de fatos que ela percebe. As duas pessoas envolvidas em um conflito devem estar usando uma série de fatos diferentes para formar uma impressão sobre o que está acontecendo. Por exemplo, se Harry passou por problemas em um projeto anterior por causa de atualizações tardias, ele pode argumentar: "Mary está comprometendo nosso projeto, pois não submete as atualizações dentro do prazo." Harry acredita que o não-cumprimento do prazo de entrega dos relatórios resulta em falha. Mary, por sua vez, viu um projeto anterior fracassar porque as pessoas gastaram tempo demais com relatórios. As experiências das duas pessoas são válidas para eles e influenciam a visão deles sobre os fatos.

7, a. Ao desenvolver um "vocabulário dos sentimentos", um gerente pode descrever com maior precisão os sentimentos que ela ou ele vivencia durante um confronto. O gerente também pode compreender melhor as descrições dos sentimentos da outra pessoa.

8, b. Preocupações com a autoimagem podem surgir de repente durante uma relação difícil quando uma pessoa tem uma mentalidade voltada para uma coisa ou outra: "Ou sou leal ou sou desleal", "Ou sou competente ou sou incompetente" e assim por diante. Essa mentalidade impossibilita a tolerância à crítica de outros ou o reconhecimento de que alguém contribuiu para um problema ocorrer – duas competências essenciais para gerenciar conflitos. Então, é vital reconhecer e lidar com preocupações de autoimagem e, ao mesmo tempo, discutir sobre relações difíceis.

9, c. James e Carla não parecem ter determinado como eles se comunicarão, inclusive como discutirão sobre o andamento do plano deles, como tratarão tensões que surjam durante essas discussões e como farão as mudanças necessárias em seu plano. Assim como as outras medidas adotadas por eles (esclarecer as diferenças ocultas em suas dificuldades e selecionar critérios de mensuração para avaliar o sucesso do plano), esta medida é essencial para garantir a implementação bem-sucedida de qualquer solução para uma relação difícil.

10, b. Quando um conflito começa a envolver outras pessoas do staff, além dos adversários originais, convém intervir. Você pode facilitar a resolução de um confronto ao ajudar os adversários a definirem o problema em termos específicos, escutar um ao outro, identificar áreas de acordo e implementar soluções que atendam às diferentes preocupações e questões dos adversários. Você também pode usar o coaching para ensinar os funcionários a gerenciar suas relações difíceis sozinhos, e não envolvendo outras pessoas em suas brigas.

Saiba mais

Artigos

Craumer, Martha. "Confrontation Without Conflict". *Harvard Management Communication Letter* (junho de 2002).

A maioria das pessoas reluta em confrontar um colega a respeito de um comportamento que desvia a atenção, que não é profissional ou que é simplesmente grosseiro. Mas evitar o problema pode afetar o moral e a produtividade. Esse artigo explica como atenuar conflitos em potencial no ambiente de trabalho enquanto eles ainda são gerenciáveis, e inclui informações adicionais sobre como abordar uma relação difícil.

Gary, Loren. "Becoming a Resonant Leader". *Harvard Management Update* (julho de 2002).

Após os eventos de 2001, líderes são solicitados a agir com maior integridade e a estarem emocionalmente mais disponíveis aos funcionários. Os líderes precisam aprender a se adaptar a esse novo ambiente de trabalho, usando ferramentas como, por exemplo, a inteligência emocional, e aperfeiçoar sua capacidade de lidar com a turbulência emocional que acompanha a mudança adaptativa.

Hackley, Susan. "When Life Gives You Lemons: How to Deal with Difficult People". *Negotiation* (novembro de 2004).

Como explica William Ury, autor de *Getting Past No: Negotiationg with Difficult People*, todos nós precisamos negociar com pessoas difíceis. Talvez elas sejam teimosas, arrogantes, hostis, gananciosas ou desonestas, ou, na maior parte das vezes, talvez sejam afáveis. Mas mesmo as pessoas que em geral são razoáveis podem se tornar adversárias. Por exemplo, seu chefe pode ser colaborativo e compreensivo na maior parte do tempo, mas faz exigências não razoáveis na sexta-feira à tarde. Aprenda como transformar sua apreensão em aprovação e esqueça o "não".

Harvard Business School Publishing. "Leading by Feel". *Harvard Business Review* (janeiro de 2004).

Empatia, intuição e autoconsciência são essenciais para uma boa liderança, mas eles podem ser de difícil adequação e uso perigoso. Neste artigo, dezoito líderes e pesquisadores exploram como gerenciar a inteligência emocional.

Weeks, Holly. "Taking the Stress Out of Stressful Interactions". *Harvard Business Review OnPoint Enhanced Edition* (março de 2002).

Relações estressantes são inevitáveis na vida. Nos negócios, elas podem incluir toda gama de acontecimentos, desde a demissão de um subordinado até, curiosamente, o recebimento de um elogio. Mas seja qual for o contexto, relações estressantes contêm uma enorme carga emocional. Na verdade, elas causam tanta ansiedade que a maioria das pessoas simplesmente procura evitá-las. O preço a ser pago pode ser alto demais quando as pessoas optam por esquivar-se de problemas, satisfazer pessoas difíceis e evitar antagonismos; em geral, evitar um confronto só piora um problema ou um relacionamento. Ao utilizar exemplos claros das três relações estressantes básicas com as quais as pessoas se deparam com mais frequência no ambiente de trabalho, o autor explica como gerentes podem melhorar essas relações unilateralmente. Primeiramente, eles devem abordar as situações com maior autoconsciência. A construção da autoconsciência não implica uma autoanálise interminável; grande parte dela simplesmente exige a capacidade de tornar o conhecimento tácito sobre si mesmo mais explícito. Saber como você reage em uma situação estressante revelará muito sobre suas áreas problemáticas e pode ajudá-lo a ter o domínio sobre situações estressantes.

Weiss, Jeff e Hughes, Jonathan. "Want Collaboration? Accept – and Actively Manage – Conflict". *Harvard Business Review* (março de 2005).

Verdade seja dita: não é possível aumentar o nível de colaboração sem antes tratar da questão do conflito. Os autores oferecem seis estratégias para gerenciar o conflito com eficácia: criar e implementar um método em comum para resolver o conflito; oferecer critérios às pessoas para que possam fazer concessões mútuas; utilizar a intensificação do conflito como uma oportunidade de coaching; estabelecer e impor uma necessidade de intensificação conjunta; certificar-se de que os gerentes resolvam conflitos intensificados diretamente com seus parceiros e tornar o processo de resolução de conflitos intensificados transparente. As três primeiras estratégias focalizam o ponto de conflito; as três demais focalizam a intensificação do conflito à medida que aumenta o nível hierárquico na cadeia de gerenciamento.

Livros

Goleman, Daniel, Boyatzis, Richard e McKee, Annie. *Primal Leadership: Learning to Lead with Emotional Intelligence*. Boston: Harvard Business School Press, 2004.

Com base em décadas de pesquisa dentro de empresas de padrão internacional, os autores mostram que os grandes líderes se destacam não apenas por sua habilidade e inteligência, mas também por sua capacidade de conexão com os outros por meio das competências de inteligência emocional (IE), como empatia e autoconsciência.

Harvard Business School Publishing. *Dealing with Difficult People*. The Results-Driven Manager Series. Boston: Harvard Business School Press, 2004.

Conciso, orientado à ação e repleto de estratégias e ferramentas valiosas, este guia ajudará gerentes a adequar e aperfeiçoar habilidades para lidar com pessoas difíceis: evitar conflitos e a negatividade, promover o comportamento positivo e motivar pessoas com baixo desempenho.

Harvard Business School Publishing. *Harvard Business Review Management Dilemmas: When Good People Behave Badly*. Boston: Harvard Business School Press, 2004.

O que você faria se um dos funcionários de melhor desempenho tratasse mal os outros trabalhadores; se o melhor gerente "saísse do sério" e humilhasse um colega em público ou se um colega de trabalho começasse a apresentar um comportamento estranho e até mesmo assustador? Este guia explora maneiras de lidar com uma grande variedade de questões comportamentais complexas que afetam funcionários e gerentes.

Rosenberg, Marshall B. *Nonviolent Communications: A Language of Life*. Puddledancer Press, Encinitas, CA, 2005.

Este livro é um kit de ferramentas prático para ajudar as pessoas a falar e escutar umas às outras como aliados, e não como adversários. Rosenberg, um psiquiatra, descreve como crescemos em uma cultura de comunicação violenta e defensiva, e mostra que podemos recuperar o que realmente desejamos, ou seja, a conexão. Para fazer isso, é preciso aprender a linguagem dos sentimentos e das necessidades. Este livro é um convite à não-violência e um guia passo a passo para o caminho que nos leva a nos importarmos com nós mesmos e com os outros como seres humanos.

Programas de e-learning

Harvard Business School Publishing. *Coaching for Results.* Boston: Harvard Business School Publishing, 2000.

Compreenda e pratique como orientar os outros de maneira eficaz ao dominar as cinco habilidades essenciais necessárias para o coaching bem-sucedido:

- Observação
- Questionamento
- Capacidade de escutar o outro
- Feedback
- Acordo

Por meio de simulações interativas, orientação especializada e atividades para aplicação imediata no trabalho, este programa ajuda-o a ser bem-sucedido na tarefa de coaching, habilitando-o a participar dos processos de preparação, discussão e acompanhamento em qualquer situação.

Harvard Business School Publishing. *Managing Difficult Interactions*. Boston: Harvard Business School Publishing, 2001.

Este programa o ajudará a compreender por que ocorrem divergências e o ajudará a chegar a conclusões de forma colaborativa. Essas habilidades de diálogo produtivo levarão a uma compreensão mais precisa e compartilhada das informações trocadas nas interações diárias. *Como gerenciar relações difíceis* analisa técnicas para abordar e lidar com relações difíceis nos negócios. O programa explora como modelos mentais influenciam nosso pensamento particular e, portanto, nosso comportamento. Ele apresenta o exercício Coluna da Esquerda como uma técnica para revelar e examinar nosso processo de pensamento interno. Ele também analisa cinco hábitos de pensamento improdutivo no qual muitas pessoas acabam caindo durante relações difíceis, e oferece cinco formas alternativas de pensamento produtivo. Ao analisar nossos próprios hábitos de pensamento e buscar ativamente mentalidades mais produtivas, você pode aprender a abordar relações difíceis com confiança, evitar a culpa, superar a posição de defensiva e tomar decisões de negócios melhores.

Harvard Business School Publishing. *Productive Business Dialogue*. Boston: Harvard Business School Publishing, 2002.

Este programa mostra a gerentes como engendrar interações baseadas em fatos, minimizar a posição de defensiva e aproveitar o melhor pensamento de todos os envolvidos. *Productive Business Dialogue* apresenta a Escada da Inferência, uma ferramenta que ajuda os participantes de um diálogo a compreenderem as distinções entre fato, interpretação e conclusões; e como o esclarecimento dessas distinções pode aumentar sensivelmente a produtividade de reuniões e discussões. Por meio de cenários interativos, com base no mundo real, você terá a oportunidade de praticar como moldar interações que maximizem o aprendizado e levem à tomada de decisões com base em um maior número de informações.

Fontes

As seguintes fontes ajudaram no desenvolvimento deste tópico:

Alessandra, Tony e O'Connor, Michael J., com Dyke, Janice Van. *People Smarts: Bending the Golden Rule to Give Others What They Want.* San Francisco, CA: Jossey-Bass, 1994.

Brinkman, Rick, com Kirschner, Rick. *Dealing with People You Can't Stand: How to Bring Out the Best in People at Their Worst.* New York: McGraw-Hill, 1994.

Cava, Roberta. *Difficult People: How to Deal with Impossible Clients, Bosses and Employees.* Toronto: Key Porter Books Limited, 1990.

Delpo, Amy e Guerin, Lisa. *Dealing with Problem Employees: A Legal Guide.* Berkeley, CA: Nolo Press, 2001.

Friedman, Paul. *How to Deal with Difficult People.* Mission, KS: SkillPath Publications, 1994.

Harvard Business School Publishing. *Face-to-Face Communications for Clarity and Impact*. The Results-Driven Manager Series. Boston: Harvard Business School Press, 2004.

Interaction Associates. "Essential Facilitation". Workshop intensivo de quatro dias ministrado em cidades dos Estados Unidos.

Interaction Associates. "Facilitate Leadership: Tapping the Power of Participation". Workshop de três dias ministrado em cidades dos Estados Unidos.

Interaction Associates. "Mastering Meetings". Workshop de dois dias ministrado em cidades dos Estados Unidos.

Personnel Decisions. *Successful Manager's Handbook: Development Suggestions for Today's Managers*. Edina, MN: Personnel Decisions International, 1992.

Stone, Douglas, Patton, Bruce e Heen, Sheila. *Difficult Interactions: How to Discuss What Matters Most*. Nova York: Penguin Books, 1999.

Whitemyer, David. "Don't Just Do Something – Sit There". *Harvard Management Update* (dezembro de 2002).

Anotações

Anotações

Anotações

Anotações

Anotações

CONHEÇA TAMBÉM OS OUTROS LIVROS DA SÉRIE:

COMO LIDAR COM AS CRISES

ISBN: 978-85-352-3252-3
PÁGINAS: 152

GERENCIAMENTO DE REUNIÕES

ISBN: 978-85-352-2010-0
Páginas: 152

GERENCIAMENTO DE TEMPO

ISBN: 978-85-352-2009-4
Páginas: 144

GESTÃO DE PROJETOS

ISBN: 978-85-352-2008-7
PÁGINAS: 144

LIDERANÇA DE EQUIPES

ISBN: 978-85-352-2007-0
PÁGINAS: 160

ADMINISTRE O RELACIONAMENTO COM SEU GESTOR

ISBN: 978-85-352-3251-6
Páginas: 144

EDITORA SANTUÁRIO – IMPRIMIU – Aparecida-SP